3A-5242

3B-5242

3C-5242

Affection's Offering.

3D-5242

On my friendship e'er rely.

3F-5242

3E-5242

Hall of Mines.

Very truly yours.

3G-5242

Figure 7. A marquisette waist with the yoke part cut in angles

4A-5242

4B-5242

4D-5242

HAPPY VALENTINE GREETINGS

4C-5242

I'M FOR NIXON

4E-5242

4F-5242

4G-5242

4H-5242

2¢ U.S.POSTAGE

4I-5242

4J-5242

4N-5242

4O-5242

4th ANNUAL MEETING MD. PHARM. ASSOCIATION 9th ANNUAL MEETING TRAVELERS AUX. BUENA VISTA JUNE 24-27, 1924

4K-5242

4L-5242

4M-5242

4P-5242

5A-5242

5B-5242

5C-5242

5D-5242

5E-5242

5F-5242

5G-5242

5H-5242

5I-5242

5J-5242

5K-5242

5L-5242

5M-5242

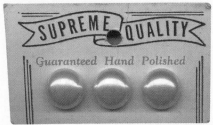

6A-5242

6B-5242

6C-5242

6D-5242

6E-5242

6F-5242

6H-5242

6I-5242

6J-5242

6K-5242

Men's Wonderful Sweater Values

20 A 1230
$3⁸⁹—

All-Wool
Jumbo
"Pull Over"

20 A 1265
$7⁹⁸—

20 A 1229
$8⁹⁸—

Our Best
Sweater

7A-5242

U. S. ARMY ATTACK BOMBER
OFFICIAL PHOTOGRAPH U. S. ARMY AIR CORPS

7B-5242

ROYAL CANADIAN AIR FORCE BASIC TRAINER

7C-5242

7D-5242

6G-5242

7H-5242

7E-5242

K ♣

K ♣

7F-5242

7I-5242

7G-5242

7J-5242

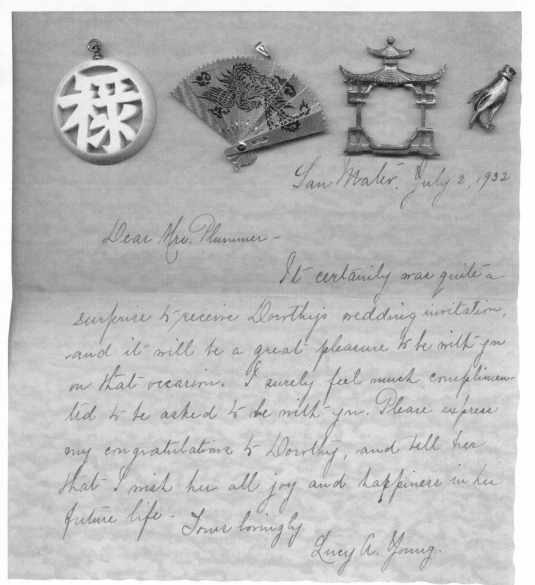

San Water, July 2, 1932

Dear Mrs. Plummer –

It certainly was quite a surprise to receive Dorothy's wedding invitation, and it will be a great pleasure to be with you on that occasion. I surely feel much complimented to be asked to be with you. Please express my congratulations to Dorothy, and tell her that I wish her all joy and happiness in her future life – Yours lovingly

Lucy A. Young.

8A-5242

8B-5242

8C-5242

8D-5242

8E-5242

8G-5242

8F-5242

8H-5242

8I-5242

9A-5242

9B-5242

9D-5242

9C-5242

9E-5242

9F-5242

10A-5242

10B-5242

$3.98

Black Vici Kid Strap Pump with Military Heel

30 A 1245—For walking and dress wear, you will like this new Two-Strap Pump of very fine quality Black Genuine Vici Kid Leather.

Medium toe with stylish perforated tip effect; leather military heel and close edge sole. Buttoned straps.

SIZES: 2½ to 8; widths, C, D and E. In ordering be sure to state size and width desired.

OUR PRICE, $3.98
Postage 8¢ extra.

10C-5242

10D-5242

10E-5242

10F-5242

10G-5242

10H-5242

10J-5242

10K-5242

Bless them that curse you. (Luke 6: 28.)

10I-5242

10L-5242

11A-5242

SAFETY MATCH

WATCH BRAND

11C-5242

"Mine! God,
I thank Thee that
Thou hast given
Something all mine
on this side heaven,
Something as much
myself to be
As this my soul which I lift to Thee,
Flesh of my flesh, bone of my bone,
Life of my life, whom Thou dost make.
Two to the world for the world's work's sake,
But each unto each, as in Thy sight, one."

11B-5242

11C-5242

11D-5242

12A-5242

12B-5242

CALIDAD
Y
DISTINCION

DRY
GIN
Lord

Dry
Gin
Lord
C.R.A.V.

CIA. DE REFINERIA
DE AZUCAR DE
VIÑA DEL MAR

12C-5242

12D-5242

12E-5242

13A-5242

13B-5242

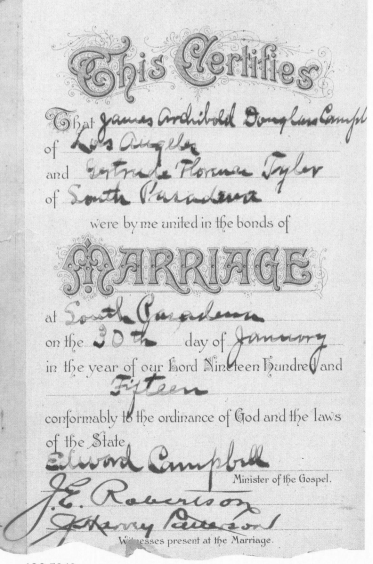

13C-5242

The Lord bless you, and keep you;

The Lord make his face to shine

upon you, and be gracious unto you:

The Lord lift up his countenance upon you,

and give you peace.

14A-5242

14B-5242

15T-5242

15S-5242

15U-5242

15M-5242

14C-5242

15A-5242

15B-5242

15C-5242

15D-5242

15F-5242

15H-5242

15E-5242

An Exclusive Product of

BEAR PHOTO SERVICE

15I-5242

15J-5242

15K-5242

15L-5242

15G-5242

15N-5242

36   37   38   39

15O-5242

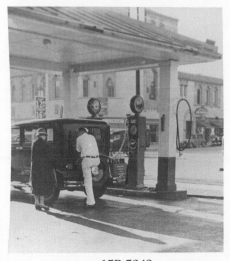

15P-5242

15Q-5242

15V-5242

15W-5242

15X-5242

15R-5242

15Y-5242

16B-5242

16D-5242

16E-5242

16A-5242

16G-5242

16C-5242

16F-5242

16H-5242

16L-5242

16I-5242

16J-5242

16K-5242

16N-5242

16M-5242

16O-5242

16P-5242

EASTER GREETINGS

17A-5242

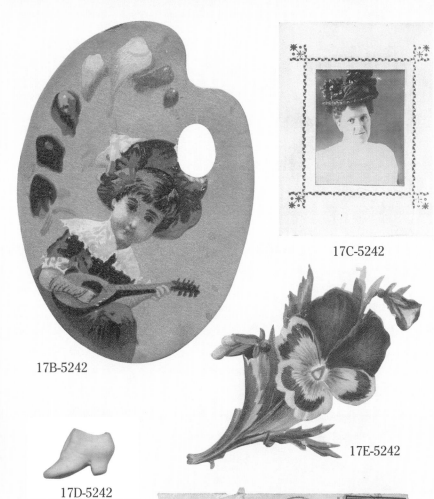

17B-5242

17C-5242

17E-5242

17D-5242

17D-5242

17F-5242

Easter Joy attend you

17G-5242

A Joyous Easter

17H-5242

18A-5242

18B-5242

18C-5242

18K-5242

18E-5242

18L-5242   18M-5242   18N-5242

18I-5242   18J-5242   18H-5242

18F-5242   18D-5242

18P-5242   18G-5242

18R-5242   18Q-5242

18O-5242

18S-5242   18T-5242